¡Codificar es Divertido!

Eugene Amadi

Torchflame Books

Durham, NC

Copyright © Eugene Amadi 2019
¡Codificar es divertido!
Eugene Amadi
www.bugzero.codes
eugene@bugzero.codes

Published 2019, by Torchflame Books
 an Imprint of Light Messages Publishing
www.lightmessages.com
Durham, NC 27713 USA
SAN: 920-9298

ISBN: 978-1-61153-357-6

Trademarks: Bugzero.codes™ and the Bugzero.codes™ logo are trademarks of Bugzero.codes

Illustrations by Taimy Studio

Reserved Rights: No part of this publication may be reproduced, stored in a retrieval system, or transmitted in any form or by any means, electronic, mechanical, photocopying, recording, scanning, or otherwise, except as permitted under Section 107 or 108 of the 1976 International Copyright Act, without the prior written permission except in brief quotations embodied in critical articles and reviews.

La codificación se utiliza para programar robots.

Los videojuegos utilizan códigos.

Las aplicaciones de transporte usan códigos para mostrar dónde estás y ayudarte a ir adonde quieres ir.

Los electrodomésticos cotidianos usan códigos.
Incluso una lavadora utiliza un código
para saber qué ciclo utilizar.

La codificación se utiliza para pronosticar el tiempo.

Las compras en internet utilizan códigos para preparar y enviar los pedidos.

La tecnología médica utiliza codificación para ayudar a los médicos con la investigación y el tratamiento.

Los controles remotos usan códigos para hacer que los juguetes se muevan.

Puedes ver una película en tu computadora gracias a los códigos.

Los ascensores están codificados para saber si necesitan subir o bajar y cuándo parar.

Los registros en una tienda de comestibles usan un código para saber cuánto cobrar.

Los altavoces de asistentes inteligentes usan códigos.

La codificación ayuda a hacer la tarea.

Los coches son más seguros de conducir debido a un código.

TLos mensajes de texto utilizan códigos para enviar mensajes de ida y vuelta.

Los juguetes inteligentes usan códigos para tomar órdenes e instrucciones.

La codificación puede hacer que los coches no requieran un conductor.

La codificación controla los semáforos y las señales de señales de cruce.

La codificación se utiliza para ayudar a controlar la temperatura del agua caliente.

Los restaurantes utilizan códigos al hacer reservas.

Las máquinas que ayudan a los médicos a diagnosticar una enfermedad utilizan códigos.

La codificación nos ayuda a tener verduras frescas durante todo el año.

Los abogados utilizan códigos para investigar las leyes que ayudarán a sus clientes.

¡Aprender a programar es divertido!

Los atletas usan códigos cuando hacen ejercicio.

La codificación ayuda a la hora de hacer presentaciones.

La codificación acerca a las familias.

Los diseñadores utilizan códigos para construir y crear muebles.

Los arquitectos utilizan códigos cuando diseñan una casa nueva.

Los bancos utilizan la codificación para hacer un seguimiento de su dinero.

www.ingramcontent.com/pod-product-compliance
Lightning Source LLC
Chambersburg PA
CBHW081456060426

42444CB00037BA/3309